MARWEN JELLOUL

# Investir dans l'immobilier au MAROC

Guide complet pour les Français

Plume Universelle

# Marwen Jelloul

Marwen Jelloul, expert reconnu dans le domaine de l'investissement immobilier en France et à l'international. Fort de nombreuses années d'expérience, j'ai développé une expertise unique qui me permet de naviguer avec succès sur les marchés immobiliers les plus divers, en identifiant des opportunités à fort potentiel de croissance et de rendement.

Mon parcours est marqué par une quête constante de l'innovation et de la performance, alliant une vision stratégique de l'investissement à une compréhension fine des dynamiques économiques locales et globales. En tant qu'investisseur, j'ai su capitaliser sur des projets variés, allant des résidences privées aux investissements commerciaux, en France et au-delà, tout en intégrant une approche durable et responsable.

Parallèlement à mon activité d'investisseur, j'ai également embrassé le monde entrepreneurial avec une volonté de construire des ponts entre les univers de l'investissement et de l'art. Je crois fermement que l'immobilier, tout comme l'art, peut transformer les vies et les communautés en créant des espaces qui inspirent et dynamisent. C'est pourquoi je m'efforce de soutenir des projets qui allient esthétisme, innovation et impact social.

Dans mes ouvrages sur l'entrepreneuriat et l'investissement immobilier, je partage des insights précieux issus de mon expérience personnelle, offrant des conseils pratiques et stratégiques pour réussir dans ces domaines compétitifs. Mon objectif est d'inspirer et de guider les investisseurs à travers les complexités du marché immobilier, en leur fournissant les outils nécessaires pour maximiser leur succès.

Ma mission est de continuer à explorer les intersections fascinantes entre l'art, l'entrepreneuriat et l'investissement immobilier, et d'encourager d'autres à s'engager dans cette aventure avec passion et audace. Rejoignez-moi dans ce voyage où chaque projet est une opportunité de créer de la valeur, de l'innovation et de la beauté dans le monde.

> *"Investir au Maroc, c'est bâtir sur une terre où les traditions se transforment en opportunités modernes."*

Auteur inconnu, inspiré par l'esprit entrepreneurial marocain

## - Sommaire -

**Introduction générale sur l'investissement immobilier à l'étranger**.................9
   Pourquoi choisir le Maroc pour investir ?...............11
   Les motivations des investisseurs français :...........11
   Conseils pratiques :................................................12

**Présentation du Maroc (géographie, économie, contexte général)**..............15
   Un aperçu du paysage marocain..........................17
   Les principales régions à considérer :...................17
   Le contexte économique et social..........................18
   Conseils pratiques :.................................................18

**Cadre juridique de l'immobilier au Maroc**...............21
   Réglementations et procédures d'acquisition.........23
   Conseils pratiques :.................................................24

**Conditions et processus d'achat au Maroc**............27
   Comment acquérir un bien immobilier au Maroc?..29
   Conseils pratiques :.................................................31

**Investissement locatif au Maroc**................................33
   Potentiel locatif et choix entre location courte et longue durée.............................................................35
   Marché locatif par région :......................................35
   Comparaison entre location courte et longue durée :. 36
   Exemples de rendements locatifs :........................36

Conseils pratiques : ................................................... 37
## Vie culturelle, touristique et sociale au Maroc.........39
Une immersion complète dans la culture marocaine.. 41

Fêtes et traditions marocaines : ...............................41

Les sites incontournables : ...................................... 42

Gastronomie marocaine : ........................................ 42

Conseils pratiques : ................................................. 43

## Conclusion.................................................................45
## Avantages et défis de l'investissement immobilier au Maroc..................................................................................45
Bilan et perspectives pour les investisseurs........... 47

Avantages majeurs : ................................................ 47

Défis à anticiper :..................................................... 47

Conseils pratiques finaux : ......................................49

# Introduction générale
## sur l'investissement immobilier
## à l'étranger

## Pourquoi choisir le Maroc pour investir ?

Le Maroc se distingue par son équilibre entre tradition et modernité. Ce pays est une porte d'entrée vers l'Afrique, tout en étant profondément enraciné dans le monde arabe et méditerranéen. Son dynamisme économique, particulièrement dans des villes comme Casablanca, Marrakech, et Tanger, en fait un terrain fertile pour les investissements. Le Maroc a mis en place de nombreuses réformes pour attirer les investisseurs étrangers, allant de l'amélioration des infrastructures à des incitations fiscales attrayantes.

## Les motivations des investisseurs français :

1. **Proximité géographique et facilité d'accès :** Le Maroc est à quelques heures de vol des principales villes françaises, ce qui facilite les déplacements fréquents pour superviser un investissement.

2. **Coût de la vie et pouvoir d'achat :** Le coût de la vie au Maroc est bien inférieur à celui de la France, permettant aux investisseurs de profiter d'une qualité de vie élevée pour un coût réduit.

3. **Stabilité politique relative :** Bien que le Maroc soit une monarchie, le pays jouit d'une stabilité politique relativement forte, ce qui rassure les investisseurs sur le long terme.

4. **Développement touristique :** Le Maroc attire chaque année des millions de touristes, ce qui soutient un marché locatif florissant, en particulier pour la location saisonnière.

---

**Anecdote :** Marc, un entrepreneur parisien, cherchait initialement à investir dans une résidence secondaire pour ses vacances au soleil. Mais après un séjour prolongé à Marrakech, il a été séduit par le potentiel de rentabilité de l'immobilier locatif et a fini par acheter plusieurs riads qu'il a transformés en maisons d'hôtes.

---

## Conseils pratiques :

1. **Analyse comparative avec d'autres pays :** Comparez le Maroc avec d'autres destinations potentielles en termes de coûts d'acquisition, de fiscalité, et de potentiel locatif avant de prendre votre décision.

2. **Planifiez à long terme :** Investir à l'étranger, c'est avant tout un engagement à long terme.

Assurez-vous que le marché local soutiendra vos objectifs financiers dans les décennies à venir.

3. **Restez informé des évolutions législatives :** Les lois peuvent évoluer, il est donc crucial de rester informé des changements qui pourraient affecter vos investissements.

# Présentation du Maroc (géographie, économie, contexte général)

## Un aperçu du paysage marocain

Le Maroc est un pays aux paysages variés, allant des montagnes de l'Atlas aux plages de la Méditerranée et de l'Atlantique, en passant par les plaines fertiles et les étendues désertiques du Sahara. Cette diversité géographique se reflète également dans les opportunités immobilières, où chaque région offre des atouts uniques pour les investisseurs.

### Les principales régions à considérer :

- **Casablanca** : Cœur économique du Maroc, avec un marché immobilier en constante expansion. Les quartiers d'Anfa et de Maarif sont particulièrement prisés pour les investissements haut de gamme.

- **Marrakech** : La ville ocre est le centre névralgique du tourisme au Maroc, avec une demande forte pour les locations saisonnières, en particulier dans la Médina et à Gueliz.

- **Tanger** : Ville en pleine mutation, avec une forte dynamique industrielle et logistique. La région du Cap Spartel est en vogue pour les résidences secondaires.

- **Rabat** : Capitale politique, elle offre un marché stable et sécurisé, avec des investissements axés sur le long terme.

## Le contexte économique et social

Le Maroc a connu une croissance économique soutenue ces dernières années, portée par des secteurs comme l'agriculture, les énergies renouvelables, et surtout le tourisme. Les réformes économiques ont également renforcé le climat des affaires, rendant le pays plus attractif pour les investisseurs étrangers.

**Points économiques clés :**

- **Tourisme :** Le Maroc accueille près de 13 millions de touristes par an, un chiffre en constante augmentation, qui dynamise le marché immobilier locatif, notamment à Marrakech et Agadir.

- **Industrie :** Le secteur industriel, avec des zones franches à Tanger et Casablanca, attire de plus en plus d'investisseurs dans le domaine de l'immobilier commercial et industriel.

- **Agriculture :** Bien que moins directement liée à l'immobilier résidentiel, l'agriculture reste un pilier de l'économie marocaine, influençant les zones rurales en développement.

## Conseils pratiques :

1. **Diversifiez vos investissements :** Ne vous concentrez pas uniquement sur les grandes villes, les zones rurales ou en développement

peuvent offrir des opportunités intéressantes avec un retour sur investissement potentiellement plus élevé.

2. **Suivez les tendances économiques :** Gardez un œil sur les secteurs en croissance pour anticiper les futures zones d'opportunité immobilière.

3. **Entrez en contact avec la communauté française locale :** De nombreux Français vivant au Maroc ont déjà investi sur place. Leurs expériences peuvent vous fournir des informations précieuses.

# Cadre juridique de l'immobilier au Maroc

## Réglementations et procédures d'acquisition

Le cadre juridique marocain pour les investisseurs étrangers est relativement accueillant, mais il comporte des spécificités qu'il est crucial de bien comprendre avant de s'engager. Les lois encadrant la propriété foncière et immobilière, bien que proches des standards internationaux, comportent des nuances liées à la tradition et à la culture locale.

**Processus d'acquisition :**

1. **Recherche du bien :** Il est courant d'utiliser les services d'un agent immobilier local, bien que les plateformes en ligne se développent rapidement. Il est essentiel de visiter les biens en personne et de comprendre le quartier avant toute offre.

2. **Signature du compromis de vente (Mou d'Accord) :** Ce document engageant fixe les termes de la vente et est souvent accompagné d'un dépôt de garantie.

3. **Vérification légale :** Avant de finaliser l'achat, un avocat ou notaire doit vérifier la situation légale du bien, notamment les titres de propriété. Le Maroc utilise un système de cadastre qui garantit la sécurité des transactions foncières.

4. **Financement :** Les banques marocaines offrent des prêts immobiliers aux étrangers, mais il est recommandé d'explorer également les options

de financement en France. Les taux d'intérêt peuvent varier en fonction de la durée du prêt et du montant de l'apport personnel.

5. **Acte de vente définitif :** La signature de l'acte de vente se fait devant un notaire, qui s'assure de la conformité légale de la transaction. Le notaire joue un rôle central, bien plus actif qu'en France.

---

**Anecdote :** Sarah, une architecte française, a découvert lors de l'achat d'une maison traditionnelle dans la Médina de Fès qu'il existait une clause ancienne attachée au bien, interdisant sa vente à des non-musulmans. Grâce à son notaire, elle a pu lever cette clause en démontrant qu'elle comptait rénover et préserver l'architecture du bien, ce qui a été accepté par les autorités locales.

---

## Conseils pratiques :

1. **Engagez un avocat spécialisé en droit immobilier :** Cela peut faire une grande

différence, notamment pour les clauses spécifiques et les restrictions qui ne sont pas immédiatement apparentes.

2. **Prudence avec les transactions en espèces :** Bien que cela puisse être tentant dans certaines situations, évitez les transactions en dehors des circuits bancaires officiels pour réduire les risques.

3. **Préparez-vous aux particularités locales :** Chaque région du Maroc peut avoir ses propres pratiques en matière de propriété. Renseignez-vous sur les coutumes locales.

# Conditions et processus d'achat au Maroc

# Comment acquérir un bien immobilier au Maroc?

L'achat d'un bien immobilier au Maroc suit des étapes précises, et il est essentiel de les respecter pour éviter tout problème juridique ou financier par la suite. Cette section détaillera chaque étape, des premiers contacts jusqu'à la signature finale, en incluant des exemples concrets et des simulations financières pour différents scénarios.

**Étapes détaillées :**

1. **Premiers contacts** : Utilisation des services d'agents immobiliers locaux, qui connaissent bien le marché et peuvent offrir des biens non listés en ligne. Exemple d'une première rencontre avec un agent à Marrakech, où la négociation commence dès les premières discussions.

2. **Visites et évaluations** : Il est recommandé de visiter plusieurs fois les biens, à différentes heures de la journée, pour évaluer l'environnement et le potentiel du bien. Utilisation d'un expert immobilier pour une évaluation précise des coûts de rénovation si nécessaire.

3. **Négociation du prix** : La négociation est une pratique courante au Maroc. Un exemple de négociation réussie dans la région d'Agadir, où le

prix initial a été réduit de 15 % grâce à une stratégie bien préparée.

4. **Financement de l'achat :** Différentes options de financement sont disponibles. Les simulations financières suivantes vous montrent l'impact de différentes stratégies :

    - **Exemple 1 :** Achat d'un appartement à Rabat pour 100 000 €, avec un financement de 80 % sur 20 ans à un taux de 5 %.

    - **Exemple 2 :** Achat d'un riad à Marrakech pour 150 000 €, avec un apport de 50 % et un prêt sur 15 ans à 3 %.

    - **Exemple 3 :** Achat d'une villa à Tanger pour 200 000 €, financée à 70 % sur 30 ans à un taux de 7 %.

**Simulations financières détaillées :**

- **Apport personnel de 50 % :** Coût total sur 20 ans avec un taux de 5 %, incluant les intérêts, les frais de notaire, et les coûts additionnels comme l'assurance.

- **Financement à 80 % :** Scénario à 15 ans avec un taux de 3 %, analyse du coût total incluant les frais annexes et les paiements mensuels.

- **Prêt sur 30 ans :** Taux de 7 %, impact sur le coût final de l'investissement et comparaison avec un remboursement anticipé éventuel.

## Conseils pratiques :

1. **Négociez toujours :** Ne vous arrêtez jamais au prix affiché. Le Maroc est un pays où la négociation fait partie de la culture des affaires.

2. **Visitez à différentes heures :** Un quartier peut être calme le matin et bruyant le soir. Assurez-vous de visiter les biens à plusieurs moments de la journée pour une évaluation complète.

3. **Considérez les frais cachés :** Des coûts inattendus peuvent surgir, comme des frais de rénovation ou des charges de copropriété élevées. Intégrez toujours une marge dans votre budget.

# Investissement locatif au Maroc

## Potentiel locatif et choix entre location courte et longue durée

Investir dans l'immobilier locatif au Maroc est une stratégie prisée par de nombreux investisseurs étrangers, notamment dans les grandes villes et les zones touristiques. Cette section explore les opportunités offertes par le marché locatif, en se concentrant sur les différentes régions, les types de location, et les stratégies pour maximiser le rendement.

### Marché locatif par région :

- **Casablanca :** Forte demande pour les locations de longue durée, particulièrement dans les quartiers d'affaires comme Anfa ou Sidi Maârouf. Les loyers pour un appartement de deux chambres varient entre 600 € et 1 200 € par mois.

- **Marrakech :** La location saisonnière est particulièrement lucrative dans la Médina et Gueliz, avec des prix pouvant atteindre 100 € à 200 € par nuit pour un riad bien situé.

- **Tanger :** Ville en expansion, avec une demande croissante pour les locations de longue durée, notamment autour de la zone franche. Les loyers mensuels pour un appartement varient entre 400 € et 900 €.

- **Agadir :** Destination prisée pour les vacances, avec un marché locatif saisonnier dynamique. Les locations à la semaine pour une villa en bord de mer peuvent atteindre 700 € à 1 500 €.

## Comparaison entre location courte et longue durée :

- **Location saisonnière :** Plus rentable à court terme, particulièrement dans les zones touristiques. Nécessite cependant une gestion plus intensive et des coûts de maintenance plus élevés. Exemple d'un propriétaire à Marrakech qui a réussi à doubler ses revenus annuels en passant de la location longue durée à la location courte durée.

- **Location longue durée :** Moins de gestion quotidienne, revenus plus stables et prévisibles. Recommandé dans les zones urbaines avec une forte demande locative locale, comme Casablanca ou Rabat.

## Exemples de rendements locatifs :

- **Appartement à Marrakech :** Achat à 120 000 €, avec une location saisonnière rapportant 20 000 € par an, ce qui représente un rendement brut de 16,7 %.

- **Villa à Tanger :** Achat à 180 000 €, louée 900 € par mois en longue durée, pour un rendement brut de 6 %.

**Conseils pratiques :**

1. **Analysez le marché avant de décider :** Les rendements locatifs varient considérablement d'une région à l'autre. Il est essentiel de comprendre la demande locative locale avant d'investir.

2. **Gestion locative professionnelle :** Si vous optez pour la location saisonnière, envisagez de faire appel à une agence de gestion pour maximiser vos revenus tout en minimisant les efforts.

3. **Préparez un plan de contingence :** Le marché locatif peut fluctuer, notamment en fonction des saisons touristiques. Assurez-vous d'avoir un plan pour les périodes creuses.

# Vie culturelle, touristique et sociale au Maroc

# Une immersion complète dans la culture marocaine

Le Maroc est un pays où chaque coin de rue raconte une histoire, où la culture se vit au quotidien. Pour un investisseur immobilier, comprendre la culture locale est essentiel, non seulement pour s'intégrer, mais aussi pour valoriser son bien immobilier auprès des locataires ou des acheteurs potentiels.

## Fêtes et traditions marocaines :

- **Le Ramadan :** Période de jeûne sacré, où la vie quotidienne change de rythme. Les soirées après la rupture du jeûne (Iftar) sont l'occasion de grandes réunions familiales. Pour les investisseurs, c'est une période où la demande pour les locations à court terme peut diminuer, mais où la vie sociale s'intensifie.

- **Le Moussem de Tan-Tan :** Cette grande rencontre annuelle de tribus nomades dans le sud du Maroc est inscrite au patrimoine immatériel de l'UNESCO. Anecdote sur un investisseur qui a participé au Moussem et a été inspiré pour acheter une maison dans cette région pour son authenticité culturelle.

## Les sites incontournables :

- **La Médina de Fès :** La plus grande médina du monde, classée au patrimoine mondial de l'UNESCO. Elle est un labyrinthe de ruelles où chaque tournant révèle une mosquée, un palais ou un souk. Exemple d'un investisseur qui a acheté un riad dans la Médina et l'a transformé en maison d'hôtes, mettant en valeur l'architecture traditionnelle.

- **Le désert du Sahara :** Offrir à vos locataires ou invités la possibilité de découvrir les dunes dorées et de passer une nuit sous les étoiles peut être un argument de vente majeur pour un bien immobilier situé à proximité.

- **Chefchaouen :** La ville bleue est un joyau caché dans les montagnes du Rif, connue pour ses ruelles pittoresques et son atmosphère relaxante. Idéal pour des investissements dans le tourisme alternatif.

## Gastronomie marocaine :

- **Tajines et couscous :** Plats emblématiques du Maroc, souvent utilisés comme argument marketing pour des locations de vacances. L'intégration d'une cuisine marocaine authentique dans une maison d'hôtes peut attirer davantage de clients.

- **Marchés locaux :** Les souks marocains regorgent de produits frais et d'épices. Anecdote sur un investisseur qui a transformé une partie de sa propriété en un petit restaurant offrant des cours de cuisine marocaine, attirant ainsi un public de touristes gourmets.

## Conseils pratiques :

1. **Respectez les traditions locales :** En tant qu'investisseur, montrer du respect pour les coutumes locales peut grandement faciliter les relations avec les autorités et les habitants.

2. **Valorisez l'authenticité :** Utiliser des éléments de la culture marocaine dans la décoration ou les services offerts par votre bien peut le rendre plus attractif pour les locataires ou les acheteurs.

3. **Découvrez les festivals locaux :** Participer à des événements culturels peut non seulement enrichir votre expérience personnelle, mais aussi vous donner des idées pour valoriser votre investissement.

# Conclusion

# Avantages et défis de l'investissement immobilier au Maroc

## Bilan et perspectives pour les investisseurs

Investir dans l'immobilier au Maroc offre de nombreuses opportunités, mais ce n'est pas sans défis. Cette conclusion récapitule les principaux avantages et défis, tout en offrant une perspective sur l'avenir du marché immobilier marocain.

## Avantages majeurs :

- **Rendements attractifs** : Les investissements dans les zones touristiques ou les grandes villes offrent des rendements potentiellement élevés, en particulier pour les locations saisonnières.

- **Cadre fiscal favorable** : Le Maroc offre des incitations fiscales pour les investisseurs étrangers, en particulier dans les zones touristiques.

- **Croissance continue du marché** : Le développement infrastructurel, les réformes économiques, et l'augmentation du tourisme sont autant de facteurs qui soutiennent la croissance du marché immobilier.

## Défis à anticiper :

- **Complexité des procédures légales** : Le cadre juridique peut être déroutant pour ceux qui ne sont pas familiers avec les pratiques locales. Exemple d'un investisseur qui a rencontré des difficultés avec la bureaucratie locale mais qui a réussi à surmonter les obstacles en engageant un avocat expérimenté.

- **Gestion locative :** La gestion à distance peut être complexe, en particulier pour les locations saisonnières. Faire appel à un gestionnaire local est souvent une solution judicieuse.

- **Risques économiques et politiques :** Bien que stable, le Maroc reste un pays en développement avec des risques associés à l'économie globale et aux fluctuations du marché touristique.

---

**Cliffhanger :** « Le Maroc est un pays où tradition et modernité se rencontrent, offrant un terrain d'investissement unique en son genre. Mais la question reste : serez-vous prêt à relever le défi et à saisir les opportunités qu'il offre ? »

---

**Conseils pratiques finaux :**

1. **Restez flexible et adaptable :** Le Maroc est un pays en mouvement, où les règles peuvent changer. La flexibilité est clé pour réussir dans ce marché.

2. **Entourez-vous de professionnels locaux :** Avocats, agents immobiliers, gestionnaires... Avoir une équipe locale fiable est essentiel.

3. **Soyez patient :** Comme tout investissement à l'étranger, le succès prend du temps. La patience et une bonne planification sont vos meilleurs alliés.

www.ingramcontent.com/pod-product-compliance
Lightning Source LLC
Chambersburg PA
CBHW072019230526
45479CB00008B/304